問禪

釋心道 著

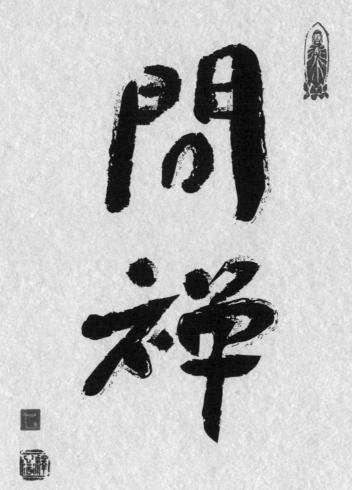

禪師生平

心道法師一九四八年出生於戰亂的滇緬地區，十三歲時隨因緣遷移至台灣，並於二十五歲時剃度出家。後於戒場習得「曹洞宗默照禪法」，即開始精勤修持並獲得甚深禪定力。十數年間於破舊小寺廟、靈骨塔、亂葬崗、無人居住的古堡等處修行，包括兩年在山洞斷食閉關，並曾於禪定中得見密勒日巴尊者示現，對其修行給予指示，賜名「普仁金剛」。塚間靈骨塔閉關中，感眾生極苦，發願渡，待因緣成熟時，為利益眾生而創建了靈鷲山無生道場。早期心道法師以「觀機逗教」方式教授弟子，近年來將其塚間修持所得，以及三乘傳承精要淬煉成「四步驟禪法」，讓不同根器的行者，都能更趨近於其本來真心，開解生活以及修行道上之迷霧。

心道法師緣得臨濟宗本煥老和尚以及星雲大師之法脈，並得緬甸國師烏郭達剌尊者授南傳法嗣。同時也獲藏傳寧瑪噶陀派莫札法王認證為噶陀虹光身成就「確吉多傑」之轉世，並授予「巴吉多傑」（吉祥金剛）法號，後由貝魯仁波切主法陞座大典，並獲得完整寧瑪噶陀教法，包含完整的大寶伏藏灌頂。

禪師幼時經歷戰亂歲月，感受到生死無常以及戰爭衝突帶來的苦痛，經由修行體證後，更加確立救拔眾生苦痛的信念，了解一切的衝突根源在心，希望藉由悲心不懈的禪法傳授來轉化人心。並創建世界宗教博物館作為跨宗教對話平台，期許世人能以寧靜和諧、多元共生的生態自然法則，向「心和平，世界和平」的大圓滿光明淨土推進。

目次

入

─為什麼要禪修

源

禪法源流

照

開始修持

心

─明什麼心？見什麼性？

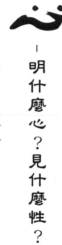

問

—師徒答問

人為什麼要禪修

找到生命的價值

世人往往忙於外在的一切，沒有時間覺察內在的一切，
外在讓我們忙不完的事事物物，忙到死我們還是沒有空，
所以一直對內在的心性沒有辦法瞭解。

常常為了服務我們的欲望，必須忙忙碌碌的過日子，
甚至於對生老病死也覺得是一個正常的狀況，
就是搞不清楚生命是什麼，搞不清楚為誰辛苦、為誰忙。
我們活著就一直在燃燒生命，燒到最後沒有了，就死了。
生命到底有什麼意義？什麼價值？
它就像泡沫一樣，
此死彼生、此生彼死，才會一直不停地輪迴。

生命就是一個大網絡的互聯網，每個人跟每個人之間，
從過去生生世世到現在，到未來的生生世世，

都互相的連結成為生命線，互相有不同的因緣果報，
無論誰欠誰，互聯網裡面都是討債還債。
所以我們必須對生命梳理出它的頭緒，找到真正的生命志業。
什麼是生命的志業？
關鍵是智慧與慈悲，以觀音菩薩的慈悲喜捨，
讓生命彼此之間連結成善緣，變成生命的良性循環。

生命就是在輪迴裡面翻滾，這一生能夠遇到佛法，
是過去生做了不少對三寶、對修行人的供養，
今天才有這樣的功德來學佛。

佛法是宇宙的核心智慧，從這裡找到生命的志業，
證得無生、證得涅槃、證得本來面目，
生生世世只做這一件事情，
叫做成佛的志業，也就是「發菩提心」，
自覺覺他，一直到圓滿成佛。

把握今生，好好修行

修習佛法為了證悟，不要太愛惜自己的皮肉，
生命結束時肉體是帶不走的，它並不是真正的生命，
只有靈靈覺覺的自己，靠自己現下、當下任持，
反覆的保任，達到不變的效果。

所以要下定決心，這一生就要一了百了。
我認識一位修行人，他很聰明，可就是發不起菩提心，
留戀世間的種種，我告訴他這一生就好好奉獻給佛，
好好修行，世間法太多做不完的，
關鍵是把握這一生搞定自己，了脫生死、斷除煩惱。
只要放下妄念執著，我們的本來面目就自然而然顯現出來，
這是生命的真正價值，所以要好好把握修行的福份。

滿足

坐禪，讓心回家。
當我們的心回家的時候，
就離開了現象，回到原點。

什麼能夠讓我們感到滿足？
坐禪，讓心的空間廣大，找到和諧的空間，
讓生命得到一份的滿足。
要得到心靈的財富，唯有禪修！

離開現象，回到心的家

生命必須要超越輪迴，超越生命與生命之間的輪迴，
找到不生不滅的本性、本來面目。

必須要放下一切，才能夠跟靈性相應，
才能出離生死，了脫、斷除煩惱。

我們從禪修上找回自己，回到靈性的家，
道路必須要清楚，方法也要對，才能走回靈性的家，
靈性的家也就是心的家。

我們離開所有現象、超越所有現象，
回到心的家，也就是回到無事的家。
心是沒有事情、沒有形象，
它是靈靈光光、清清楚楚的覺性。

打坐就是心中無事

禪修打坐一直是師父開心的事情，
師父以前一天坐二十個小時，總覺得不夠，
慣性就在打坐上，
要養成慣性，我們的心性才能悟道。
經由打坐來提煉覺性的純金！

打坐，是非常的單純，
打坐，要耐煩，要放柔、放輕鬆，
對於自己發生的所有情況，都要很親切，
用一顆不急躁的心，去面對所有的不耐煩，
整個思緒要健康、正面、積極、樂觀。

打坐要有願景，要有無所求、無所得的企圖心，才會有效果。
心中有塵，眼界就很小，心中無事，打坐就很寬。

父母未生前的本來面目

禪修的目的，就是找回父母未生我之前的本來面目。
父母生我們之前，
生生世世的父母未生我之前，
我是誰？
我是什麼？
在沒有任何的因緣組合之前，我是什麼？
我們最初是什麼樣子？

沒有找回來，我們的心性就被埋在現象裡面，看不到；
要找回本來面目，才能夠真正的離相成佛。

提煉靈性的金礦

我們的靈性就像金礦一樣，要經過提煉才能更純淨，
才能變成純金，怎麼燒都不會變。

靈性的障礙是什麼？
就是妄想執著，就好像是金礦的雜質。
要怎麼去除雜質，讓我們不變的覺性能夠光明燦爛，
回到不生不滅的本質？

禪修，就是把這些妄念執著放下，
薰陶到一塵不染，讓我們的靈性純淨無雜。

我們在混沌的生命裡，輪迴生死、飄蕩不定，
五毒貪、瞋、癡、慢、疑變成我們的生命，
累積成生命記憶體中有各式各樣的好好壞壞、恩恩怨怨，
生命中充滿波浪，翻滾不定。
所以要出離這些讓我們生命翻滾的雜染，
沉澱下來，才能回到我們的本心。

進入無邊無際的世界

禪修就是一個經驗，從經驗中去修正，從修正中深入，
深入內在去體會這份空曠、舒服。
我們什麼地方最寬廣？
心最寬廣！
當我們禪修的時候，就會進入內在無邊無際的世界，
這個世界裡面，無憂惱、無障礙，
也沒有人我的執著，一切世界都是清明朗淨。
沒有禪修，
我們的內在就會充滿紛擾、混沌，很難讓自己清爽。
禪修就是生命的禮物，讓我們更認識生命，
更透視生命，還能找回自己靈光獨耀的生命。

源
禪法源流

夜睹明星的覺者

釋迦佛（悉達多太子）看見生老病死，想找到解決苦的辦法，所以離開王位走出城門。他一共拜了九十六個老師，向他們學習，多多少少對他有一些幫助，可還是無法解決根本問題：如何遠離人生的痛苦。

後來他苦行六年，以苦行來調伏貪欲，洗滌心的雜染汙垢，卻仍然沒有辦法解決生死問題。最終他到菩提樹下靜靜的思惟，在凌晨兩、三點的時候，他看著星星的閃爍光芒，而領悟到自心，明白自心，徹底斷生死、了煩惱，成為一位覺者。

拈花微笑，以心印心

禪的源流，最早源自釋迦佛對大迦葉拈花微笑，印心傳法。

禪，有漸修與頓悟。

漸修，是慢慢的觀照、覺察空性，逐漸領悟心的相貌，證悟本來面目。第二種是上上根器的人，例如：靈山會上，釋迦佛拈虛空之花向大眾開示。平常鮮少有笑容，總在墳場修頭陀苦行的大迦葉，這時卻露出微笑，回應佛陀的傳法。

他笑了！

大迦葉從來不笑，為什麼這時會笑？

實際上在平時，大迦葉就是漸修觀照，佛陀拈花，以這樣特別的方式表達，傳承不落入語言文字的禪，傳承心法。大迦葉馬上就領悟了，因此回以微笑。

於是佛陀滿意地宣布：「吾有正法眼藏，涅槃妙心，實相無相，離語言文字，教外別傳，付囑於汝。」我要將這份不立文字、實相無相，涅槃妙心的法門，傳承給大迦葉。

就是這一剎那的微笑與了知，以心印心、以心傳心，不用語言文字教導，而是離一切相、離一切語言文字，讓法教能夠代代相傳。

祖祖覓心，悉皆不得

當禪法從印度東傳到中國，達摩祖師是如何傳法給二祖慧可的呢？二祖當時跪在雪地裡，不吃不喝一心想求法，達摩卻不願意見他。慧可為表誠心，斷臂求法，達摩終於見他了。

這是禪門歷史上重要的一刻。

「有什麼事嗎？」達摩問。

二祖說：「我心不安，怎麼才能安心？」

「把心拿出來，我就替你安。」

「我拿不出來。」迷惑的慧可，照實回答。

達摩滿意地說：「我已經替你安心了。」

就在這對話中，傳承了心印。

二祖對三祖又是如何傳法呢？
當時三祖僧璨懇求二祖：「我全身都是病，罪業非常深重。」
二祖慧可回答：「你把罪拿出來，我幫你懺除。」
僧璨找了半天全身冒汗地說：「我拿不出罪。」
「那麼，我已經將你的罪懺掉了。」
罪性本空，離相才能契入實相。

四祖道信，小小年紀就出家，為什麼要出家？
就是為了求解脫。
十四歲時，道信向三祖求法：
「我要解脫，請教我解脫之法。」
僧璨知道他的根器，決定大刀一問：
「誰綁住你、束縛你呢？」
道信仔細想來：「沒有人束縛我！」當下頓然大悟。

大家清楚了嗎？
釋迦佛靈山拈花，大迦葉看到整體現前的心，
這就是心的面貌。

歷代祖師的故事裡，心拿得出來嗎？沒有！
罪拿的出來嗎？沒有！
解脫拿的出來嗎？沒有！

所以我們聆聽寂靜，聽什麼呢？
聽「沒有」！
用聽沒有，達到「心無所住，心無罣礙，心無相可得」。

照

開始修持

認識生命無常

我們的生命就像葉子，當養分不足的時候，
它慢慢枯黃，到最後輕輕掉落下來。

我們的生命就像這樣，因緣不具足的時候，
生命就消失了，離開這棵大樹，其他的葉子也是一樣，
沒有養分將會慢慢掉落。

生命無常，世間無常，總是在起伏的變化裡，
像波浪一樣，有時平靜，有時洶湧。
生命在呼吸之間，一息不來，什麼都沒有。

活的時候忙忙碌碌，為了生存和名聞利養穿梭，
這一切有為法皆是造作，造作的東西就是無常。

當你找到心，一切都會息滅掉。
在這個心的空間裡就是永恆，沒有生滅的變化。

一切都讓它寂靜下來，無常就是生起滅去，
把好壞、喜怒無常寂靜下來，
身心不去攀緣、不執著，
不要隨境而轉，我們要看到那份本來。

本來是什麼呢？
就是寂靜，就是光明，就是獨耀而不息滅的空性，
也就是我們的心。

心的面貌本來無生、本來不滅，實相無相，
所以我們不能認賊為父，應知道假相只是生命的遊戲。

精進在佛的法教上，精進在禪的空性裡，
讓我們不流浪生死，
慢慢看到，無我的世界是那樣寬廣，
無我的世界是那樣的清楚，
讓我們在任何地方都不會迷失。

現下你的這份知覺在哪裡，你就會輪迴到哪裡，
當你的心產生變動，不認識如來，
那你就會隨境生滅，隨境輪迴，
你要認識到不生不滅的地方，你就會在那裡，
所以我們「隨緣認得性，轉處實能幽」，
我們的心性無頭無尾，沒有相貌。

其實坐禪只是個開始，
當你坐到熟練成功的時候，一切處都是自在，
你的生命就可以穿透時空。

剝落現象的粽子

現象如同粽子一樣把我們包起來，
靈性被包起來，
不見了，不自在了，
就生滅，就輪迴。

斷除意識的造作，才不會產生無明，
空掉一切，
讓意識不造作、不起無明。
空掉一切，
遠離一切的相，才能顯現心性的功能。

從現象出離

我們為什麼要禪修？
世人一般都迷失在現象的混沌變化裡面，
在各種現象中迷失自己，迷失了自己的本性。
所以我們要從現象裡面去參悟，回到本來的空性。

現象裡面就是諸行無常，一切有為法都是生滅法，
都是不長遠的，
在一切裡面也找不到叫「我」的東西。
身體是四大假合，這個不是你自己，身體是生滅的。

什麼東西是不生滅？
我們就是要從這個角度去參，去修，
才能夠離相，才能夠不生滅；
不能離相，就一直在生滅裡面。

所以要出離輪迴，必須從各種現象裡面出離。
《金剛經》在講不壞滅的道路，金剛般若就是能夠空，
能夠空的道路，就是金剛不壞的道路。

觀照空性才能不壞，
如果不觀照空性那就是壞滅的。

禪修時不要浪費時間，在知識組合裡面串來串去，
要把心念專注在方法上，
這不是冥想，冥想會就糊在那邊，
是要清楚地專注在這方法上。

坐禪要專注，才能與空性相應，
相應之後，就很容易進入本質的東西。
所以我們禪修，是為了找回自己本來具足的心性。

六祖形容我們這個心性「何期自性本不生滅」，
為什麼會不生滅？
因為行深般若波羅蜜多，反覆做的叫做行深，
反覆反覆的做這種空的行，叫空行。

坐禪時比較沒有那麼多的干擾，能夠反覆的行深。
所以禪修時候要很用功，
把方法實實在在的能夠反覆做，
反覆做，就是行深般若波羅蜜多。

因為我們覺知混濁不清，在現象裡面打轉，
所以我們需要純淨覺知，專注心念。

當我們的心念，著相生心、隨物轉動，
隨著境的好醜、事的成敗，心念混雜在現象的生滅中，
就會造成我們原本清淨的覺性不快樂、不舒服。

所以我們必須用法門來淨化我們的覺知，
例如，當我們專注在呼吸上，
我們心就能清淨、安定、沒有雜質。

以四法印，觀照性空

佛法的觀念，就是從現象裡面去看到空的道理。
如何達到空性呢？

要觀照了知：諸行無常、諸法無我、諸受是苦、涅槃寂靜。
諸行，就是一切的行為造作，
都是無常，沒有一個實質的我。
諸受，一切的感受，都沒有真實的快樂。

比如當我們在坐禪，兩條腿很苦啊！
要知道諸行無常，變化的東西都是無常，這些受都是苦。
諸法無我，痛的是誰，它是我嗎？
我如果是腿，我就是痛，就是生滅。
所以我們要看，一切的無常總會過去。

再看這個受，我們的覺受就是一種苦，
樂也是苦，樂過就苦，苦過就是樂，總是如此。

所以回歸涅槃寂靜，不生不滅，
把心歸納到不生滅、不增減之處，歸納到沒有現象的地方。
觀，就是反覆去看，觀照。

看到腳的痛也不可得，你慢慢看久，就不痛了。
我們觀照般若，般若就是能夠透視看空，
雖然是在「有」裡面也能看透。

比如：這個身體是有相的，但能看透這個身體是無實性的，
稱之為般若。

在無裡面，我能看到無，在有裡面，我也能夠無，
就是能空一切、無礙、自在、不受輪迴。

當我們禪修時，用般若照見心的實相。
知道嗎？
眼觀鼻、鼻觀嘴、嘴觀心，
我們的心是無執、無體、無相，
我們要回光返照，
實相無相的地方，
也是我們能證悟的地方，
如果契合涅槃妙心，實相無相，就能證悟涅槃。

色即是空，空即是色

觀察一切現象都是色，色是因緣和合的，
一旦和合的東西就是空，
身體也是和合的，六根六塵也是空，五蘊也是空。
五蘊一空，我們回到本性；
六根六塵一空，就能相應於我們的覺性。
眼所見一切都色空不二，色即是空，空即是色，
這些都是般若的顯現，也是心性明朗的顯現。

五蘊中沒有我

我是什麼呢？

我是一個概念、是一個想法、是一個身體，
這些都是因緣和合，哪有一個實體的我？
所以我執，我的概念都只是想法，
每個想法離不開五蘊，色、受、想、行、識的循環變化，
這些循環都是幻相。

這些幻相無論怎麼連結都是幻相，
怎麼連結都是沒有，色、受、想、行、識就是因緣和合。

和合就是沒有實質的體性，
色是物質，受是因緣和合，想是色的活動，

行是心的驅動，識是分別，
分別什麼？就是現象。
所以這一切都只是現象的組合，現象的組合就是生滅法。

沒有五蘊就沒有我，沒有我就沒有人在生死，
會生死的是誰？

有我的人就會生死，看到無我的人就沒有生死。
所以要見到諸相非相，離一切相，就能見佛、見如來。

空觀如日照

一般學佛只會做善事，做久了就會生煩惱，
只有空性的智慧才能解脫現象的輪迴。

學佛就是學覺性、學開悟，
讓自己不迷惑，認識自己，
覺悟我們的心，覺悟我們的靈性。

所以，讓靈性撥雲見日，就是要觀空。

現象如同魔術師，不被騙的方法就是要觀察，
所以佛教我們般若智慧：智是照，慧是辨，
佛法就是解剖所有東西，覺察觀照無常，
我們的生命才不會被執著綁著、被罣礙牽絆。

照

開始修持

心
明什麼心？見什麼性？

法門的根本

禪，就是我們的心。
參禪，就是參究、瞭解我們的心性。
如何參究跟明瞭這個心？就要坐禪。
坐禪的目的，就是明白自己的心，見到自己的性。
有些人修兩天、三天便覺得自己開悟，這都是妄想。

明什麼，就是知道心是什麼，叫做明心；
不瞭解自己的心，怎麼明心？
見性就是見到自己的本性，
說破了就是「沒有」的意思，見到本性是空性。

性是空，這在知識上可以瞭解，
但要實際證到空性，是要花功夫的。
心是照、性是空，心是照明的，要去發現這個照明的心。

我們的心是明明瞭瞭、清清楚楚，
它不是身體，但身體是讓我們去瞭解空性的根據地，
明白心性跟空的根據地。
身體是地水火風所組合，我們不能以身體為體，
而要以空性做體，體性空，體就是空的。

這是修禪的導覽，必須瞭解修禪的方向，
不能像捉迷藏般亂抓。
體是空的，但心性是照明的，所以不要心外求法，
也就是不要用攀緣心、肉團心，
外在所見所聞都是攀緣心。

要知空，一切都是在空性裡面，空性是一切的根本。
一切的根本叫做空的性質，一切的知覺叫做明的根據。
而語言文字只是外衣而已，只是一種概念的空，
並不是真實的空，要從修法上去證明空性。

心具足一切

心，也能圓滿、也能缺失，也能長短，也能好壞。
真心是圓滿，沒有什麼缺陷，一切都是具足的。

要怎麼去看到一切具足，證實心是一切具足？
就是要出離一切的現象，
出離一切的執著，出離世間法。

出離後再回到世間法，沒有出離就看不到空性；
沒有空性就會生滅不已。

實相無相

我們的慣性經常很強烈的在物質上、在思惟上，
所以禪修時，必須耐煩，
讓你的念頭能夠在聽寂靜裡面消失。
聽寂靜、聽沒有，
在這份實相無相裡面淨念相續，而能夠聽到平常心。

我們平常就是這顆心，實相無相，
日常的生活也是在實相無相裡面。

可是我們什麼時候實相無相呢？
幾乎沒有！
我們常常在人情事物上拋錨，心隨著感情起伏飄動，
依著現象的變化，產生分別執著。

所以我們每天都在流浪生死，每一個時間，
我們的心念都是這樣流浪。

聽是耳朵的功能，我們只要聽寂靜就可以了，
聽沒有、聽本來無一物的心性。
如何讓實相無相的慣性能夠回來，
讓它綁在寂靜無聲的地方，回到本來無一物的心性上？
這是要靠時間的。

禪修就是拉這顆心，拉到無相，
幾秒鐘、半分鐘、一分鐘，不錯！給自己鼓勵。
拉到三分鐘、五分鐘，
逐漸讓淨念相續，不再有段落。

實際上，禪修的方法是讓我們直接的覺受心性、感受它，
所以聽寂靜，慢慢讓心回復到實相無相的本來面目。

無漏的智慧

每個地方，我們都是無漏的，不要讓它們有煩惱。

有漏，就是念頭不在法上；
無漏，就是念頭在法上沒有消失過。

我們要常常養成無漏的智慧，無漏就是福慧，
一個是善業、一個是解脫。

如何讓我們的心解脫？
就是在覺性上生起穩定的覺照力。

無執無礙，撥雲見日

心性不是我們創造的，如果是我們創造的，
一定會變化無常。

開天闢地以來，心性就在那裡，
你如果沒有發現它，就會灰頭土臉，
當你撥雲見日，就是光明燦爛。

我們常常打坐就是撥雲見日的一個方法，
撥開覆蓋的妄念跟執著，
能夠回到心的原點。

打坐，就是消融妄念想法，
慢慢的我們就能開心起來，就好像太陽出來了！

觀照就是太陽，可以用聽寂靜、聽無聲、聽沒有，
行般若的觀照，
用耳根法門達到涅槃實相，
也可以用安那般那，出入息的方法，來達到實相無相。

因就是果，我們把方法弄對，反覆的觀照，
行深般若波羅蜜多，
讓自己的習氣消除，妄念息滅，晴空萬里。

禪修，是破我執，我執怎麼破呢？
觀照這個身體會壞滅，「我」是想法，想法也會生滅，
什麼相才是我呢？
我到底有沒有相？

只要有相就是生滅，有「我」就是執著。
如何做到沒有執著，沒有障礙？

要了解我們的心性本來是無執、無礙的，
因為我們的妄念執著，讓這份我執形成了，

所以我們聽寂靜、聽沒有聲音，
從沒有當中去解套我執、生滅心，
用「空」來解套「有」的執著。

心燈不滅

禪，讓我們的念頭，到達實相無相，
回到我們的本心、本覺。

透過四步驟，讓我們清清楚楚的專注，
從散亂中收回來，讓心回到寂靜。

就像燈與蠟燭，
不要讓燈的電力不足，閃爍不定，
不要讓蠟燭的光搖晃，不要被風吹熄，
要維持這個專注，
將覺知繫在四步驟上。

觀照般若

學禪就是讓我們的心回家，回到哪一個家呢？
回到這個無為法的家、空性的家。

空性讓心不作用，讓心回到空性裡面，
讓我們沒有六根、沒有六塵的分別執著，
五蘊不連結、不作用，
六根、六塵都是沒有的，才能沒有執著，
進到空的境界、無相的境界。

要如何讓心，回到實相無相的家？
就要做觀照般若。般若是什麼？能空一切。
空是什麼？
有三種空：有的空、無的空、不有不無的空。
不管怎麼空，就是如實地把觀照般若做好。

遍滿一切的法身

在禪修中，就要證得法身，
法身是什麼？
法身就是我們的本來面目，
法身充塞宇宙、遍及一切、無所不在，
是我們整個生命統一的覺性，
整個就是生命共同體。

時刻修行，專注清楚

修行，也不是說圓滿就能圓滿，
要每天持續，最少早晚坐禪。

時間短，五分鐘到十五分鐘，
時間長，半個小時到一個小時。
如果只能坐禪五分鐘，怎麼修呢？
你只能做一個東西，
眼觀鼻、鼻觀嘴、嘴觀心，反覆做上幾次，
你的心就會寂滅了，就是不忘本。

如果你時間有十分鐘、十五分鐘，可以做出入息，
我們的心跟出入息綁在一起，讓它綿綿長長的，
若時間還有一點，
我們就可以再做聽寂靜、聽沒有，

把我們的耳朵擺在寂靜，擺在沒有聲音，
聽你的專注、安靜。
「沒有」聽多了，妄念就沒有了，
妄念沒有的時候，就不會輪迴。

我們的輪迴都是在想法，起心動念形成輪迴，
怎麼讓心念不起呢？
就是無所住而生其心，無所住，心不要常常執著，
不執著的時候，心就能夠自在。

生活中，時刻都可以實踐禪，
專心在你任何工作的地方寂靜下來，聽寂靜、聽沒有。

我們的生活是被想法、現象拖著跑，
所以我們常沒有時間。

平常覺得無聊的時候，馬上憶起禪修，
眼觀鼻、鼻觀嘴、嘴觀心，
出入息，
聽沒有聲音，
只有讓我們的心，經常回家，我們才有機會圓滿成就。

坐禪看心

大家用禪修與眾生連結，
這份清淨的善緣，
讓我們能夠做好自己生命的因果。

禪是心的光明，
心是身中之燈，
燈就是我們的靈知靈覺，
坐禪不看身體，
看心中之燈，守住真心，離開假相。

明
心
見
性

問

師徒答問

全部都很好

弟子：師父，我是一個攝影師，一直想透過攝影，
將美好的景色保存下來。

師父：一切都在心，所有好的都在這裡，不好的也在這裡。
通通都沒有的時候，全部都很好。
物質的世界沒有辦法包容空，
但是空卻可以包容物質世界。
進入空性的世界，就是擁有「空」也擁有「有」，
就會愛心無限。

空性環保

弟子：現在大家都很重視環保。但是如果一切都是空，那我們就不用做環保，只要打坐就好？

師父：心靈也像環保。外在的環保要非常乾淨。環保還是要做，但是不影響內在的環境。內在環境是沒有、是空的。

心是生活的空間，在哪裡都是一樣，該做的要做。我們不能活在這個身體，應該活在心的面貌，這樣才不會被身體的情緒、想法控制。

坐禪是慢慢坐到熟練，心就會回到它的定位，它的定位就是空，它的生活是遍一切處，慢慢坐就非常清楚。

沒有客人

弟子：七天的禪修，覺得很多事情沒有辦法解決，讓我覺得恐懼。

師父：就像接待客人的時候，我們會覺得累；客人走了，就恢復了安靜、舒服。

打坐就像客人都走光，
自己一個人非常的放鬆、安定。
要把全部的東西放下，
然後輕鬆地過日子，只有專注；
不專注，就會有很多的客人、很多念頭的工作。

照顧你的心

弟子：生活中最重要的是什麼？

師父：最重要的就是把心的空間顧好，
　　心的空間就是「無」。

完美主義

弟子：師父，我是一個完美主義者，
　　凡事都要求一百分，甚至一百二十分。

師父：一百分是我們的目標，
　　有時候六十分、七十分也不錯；
　　不一定要到一百分，盡自己的力就好。
　　（一定要到一百分就不叫標準了，
　　而是要求自己做到最好。）

　　學習禪就是學習讓心的空間變大，
　　空間大就沒有壓力。

心空開悟

弟子：師父，您說心是空，這一世心是空，
那我死了以後，下一世還是一樣的心是空？

師父：禪修就是做到「不再有生滅心」。
禪修不夠力，念頭就會一直繁殖，
就會再進入輪迴，再來轉世。

如果我們的念頭不去繁殖，就不會再來。
禪修最重要的是無念，
無念就是不讓念頭一直繁殖，變成慣性的系統連結。

平常心

禪修開悟之後是平常心，還沒開悟也是平常心，
只是沒開悟的時候煩惱多，開悟之後就沒有煩惱。

所謂的平常心，就是不管面對什麼事情，
都是用現下的心去面對。

我們學禪就是找回真心，真心就是平常心，
平常心是從小到現在都沒有改變過的。
坐禪就是要把那個東西認清楚。

關掉手機

我們每個人都是一台大手機，
眼、耳、鼻、舌、身、意這六個視窗，
一直在收集資料，然後變成我們內在的妄念、執著。

所以我們打坐為什麼不能進入三摩地？
就是沒有關閉這六個門窗，
這六個門窗相應出去就是色、聲、香、味、觸、法六塵，
我們接受外在所有的影像變成想法，
從想法變成妄念、執著，
讓我們的空性沒辦法呈現。

禪的空間

弟子：我知道我們都活在無明裡……

師父：你要知道甚麼東西活在無明裡，如果知道就是開悟。

弟子：我常常覺得迷惑，不知道要走修禪的路，

還是要進入世間，經驗世間種種？

師父：你從出生到現在不都是在經驗世間嗎？

現在也還在世間。

這個物質世間是窄的，充滿慾望，

大家都在裡面鬥，所以不會快樂。

禪是找到一個空間。

禪的空間就是一個宇宙，

知道空也知道假，才能找到禪的空間，

用「無」找到空，慢慢的，

心靈的空間就不會有擠壓。

空性母親

心怎麼和平？
我們的本來面目就是一片淨土，
進入空性，物質世界也同時存在，
空性可以在物質世界的每個地方自在、安穩而且寬廣。

我們的心在坐禪之後會越來越和平，
因為人與人之間的關係是一，
我們是生命共同體，因為我們都擁有同一個靈性，
只是分成不同種子，所以長的不一樣。

雖然是不同種子，但都是同一個媽媽生的，
叫做空性母親。

無住

弟子：打坐的時候，念頭越來越沒有，
心裡感到寧靜跟穩定，眼前看到的東西都是白色的。
師父：那是錯覺，打坐，我們要什麼都很清楚，
但都不管它，心不會隨著境轉，不沉溺在境中，要無住。
弟子：打坐覺得很舒服，是有住還是無住？
師父：清楚空性就會無住，不清楚空性就是有住。
我們的心是空性，在空性裡是沒有東西，
無念、無住、無相，
所以我們不在相裡、不在念裡，也是很舒服。

圓滿

師父問：什麼叫圓滿？

弟子答：什麼都不缺。

師父：無所求就是圓滿。

三摩地

弟子：我在聽寂靜的時候，感覺會進入三摩地，

師父：進入三摩地是要清楚的，不能模糊，

模糊就叫做冥想，就是念頭模糊掉。

三摩地要清楚才能進入，

三摩地是沒有時間觀念，也是空的觀念。

浪費

我們常常會有很多「無中生有」的浪費，
其實每一個念頭，
就應該落實在空性的覺受裡面。
珍惜時間跟空間，不要找理由忙著妄念！

心無所得

弟子：《心經》說無所得，如果無所得的話，為什麼我們要追求覺悟？

師父：無所得是證悟來的，我們從「無」理解我們的覺性是空的，它沒有得與不得，只有無礙。

醒覺

師父：佛是覺者，
學佛就是學習喚醒我們的「覺」。
覺是什麼？
弟子：是心念？
師父：我們有很多的想法，
想法是從外面「照相」而來的，
外面的是假相，內在的是妄相。
所以要禪修，
才能不取外在的色相，也不執著內在的相。

擔心

弟子問：人有色身、容易壞滅，

如果地球毀滅了，可能會有哪些影響？

師父說：你應該擔心的是，你的心。

離開那些造作，

我們要常常禪修，進入無限的心的空間。

堅持

信眾：打坐盤腿，腳很痛，很難想像師父是如何修苦行？

師父：堅持就能突破，放水就可惜了。

我看到大迦葉尊者可以，心想別人可以，那我也可以！

精進才能產生無盡的潛力，

禪就是徹底了解自己、明白自己。

不遮掩

弟子問：什麼是禪？

師父答：不拿東西遮掩，叫「禪」。

（台語：莫提物件來暗檻）

捨得，捨不得

夜深了，弟子回寮前頂禮上師。
師父：你還有什麼捨不得？
弟子深思……
師父：捨不得，輪迴。
　捨得，不輪迴。

無生

弟子：為什麼這裡取名叫無生道場？

師父：無生就是阿羅漢，來到靈鷲山就知道如何證得無生，不生任何的心。

問禪

作　　者：釋心道
總 策 劃：釋了意
主　　編：釋寶欣
美術編輯：馬念慈
封面墨寶：釋心道
藝術畫作提供：李義弘 大師
內部編審：教育院研究中心

靈鷲山般若書坊

發 行 人：陳惠娟
出版發行：財團法人靈鷲山般若文教基金會附設出版社
地　　址：23444新北市永和區保生路2號21樓
電　　話：02-2232-1008
傳　　真：02-2232-1010
網　　址：www.093books.com.tw
讀者信箱：books@ljm.org.tw
法律顧問：永然聯合法律事務所
印　　刷：中原造像股份有限公司
劃撥帳戶：財團法人靈鷲山般若文教基金會附設出版社
劃撥帳號：18887793
初版三刷：二〇二〇年五月
定　　價：250元
I S B N：978-986-97888-5-4

國家圖書館出版品預行編目(CIP)資料

問禪 / 釋心道著. — 初版. — 新北市 : 靈鷲山般若出版, 2019.10
面 ;　公分
ISBN 978-986-97888-5-4(平裝)
1. 佛教修持 2. 禪定
226.65　　108016745